# Geld verdienen im Internet:

Wie Sie mit Amazon FBA zwischen 3000 und 10000 Euro passives Einkommen generieren, ortsunabhängig leben und reich werden. Eine Schritt für Schritt Anleitung zur Selbstständigkeit.

## Sven Koch

# Inhaltsverzeichnis

# Einführung

Haben Sie mit dem Gedanken gespielt ein Online-Business aufzubauen, um die Möglichkeit zu haben von zu Hause zu arbeiten? Wenn man beginnt zu untersuchen wie dies verwirklicht werden kann, erkennt man was für eine riesige Menge an Arbeit notwendig ist. Man muss eine Webseite erstellen, Besucher auf die Webseite bringen, Bestellungen erfüllen (vorausgesetzt, dass man diese erhält!) und einen Kundenservice bieten. Das stoppt die meisten Leute davon, den Anfang zu einem Online-Business zu wagen.

Sie werden jedoch überrascht darüber sein zu erfahren, dass es nicht so arbeitsaufwendig sein muss und dass es einen alternativen Weg gibt. Amazon hat die perfekte Lösung für diejenigen geschaffen, die sich der Welt des Online-Verkaufs ohne die Kopfschmerzen anschließen wollen.

Amazon hat Logistikcenter erschaffen, die üblicherweise als FBA (Fulfillment by Amazon) bezeichnet werden. Die Idee dahinter war es einen schnelleren Lieferservice für die Kunden bereitzustellen, sowie einen Weg zu bieten, der die Probleme die mit dem Onlineverkauf für die Betreiber verbunden sind, zu lösen. Dem Großteil der Leute gefällt die Idee online zu verkaufen. Sie sind jedoch nicht daran interessiert den Bestand zu organisieren, Bestellungen aufzugeben, das Produkt zu verpacken und den Versandt zu regeln.

Amazon FBA schafft Abhilfe für die Kopfschmerzen des Online-Verkaufs, indem der Großteil der Arbeit für Sie abgewickelt wird. Das einzige was Sie tun müssen ist ihre Produkte in eines der Lager von Amazon zu senden. Diese kümmern sich dann um die Entnahme, die Verpackung und um den Versandt. Die Gebühr für diese Leistung beläuft sich durchschnittlich auf 25% pro Produk. Das ist jedoch kein hoher Kostenpunkt wenn man bedenkt, dass die eigenen Produkte so zu Millionen von Leuten auf der ganzen Welt gebracht werden. Die meisten Schwierigkeiten die mit dem Onlineverkauf in Zusammenhang stehen, werden so aus dem Weg geräumt. Deshalb ist es keine Überraschung, dass viele Online-Verkäufer diese Leistung vollständig in Anspruch nehmen.

In der Regel teilen sich Amazon-Verkäufer in zwei unverwechselbare Kategorien. Die erste Kategorie sind die „Wiederverkäufer", sie beschaffen ihre Produkte bei Großhändlern, bei Abkäufen von Warenlagern, Flohmärkten, Discount-Geschäften usw. Diese Verkäufer suchen nach Wiederverkauf-Geschäften, die sich auf die Differenz zwischen den Beschaffungskosten und dem Verkaufspreis des Produkts auf Amazon konzentrieren. Diese Differenz, abzüglich der von Amazon verrechneten Gebühren ist der Profit des Verkäufers. Obwohl das ein hochwertiges Geschäftsmodell ist, wird es nicht von diesem Buch behandelt.

Die zweite Kategorie, jene auf welche sich dieses Buch konzentriert, sind die „Verkäufer von Eigenmarken". Das sind jene Personen, die danach streben ihre eigene Online-Marke zu schaffen. Diese Verkäufer erwerben Produkte direkt vom Hersteller. Sie erstellen ihre eigene Verpackung, die Marke und das Logo, bevor sie das Endprodukt als ihr eigenes vermarkten. Der Vorteil dieses Geschäftsmodells ist, dass Sie ein tatsächliches Unternehmen aufbauen indem Sie eine Marke schaffen. Diese Marke kann im Laufe der Zeit aufgebaut werden und vielleicht als funktionierendes Business verkauft werden.

Der Handel mit Eigenmarken ist ein Geschäft wie kein anderes. Es kann mit weniger als €1.000 begonnen und aufgebaut werden. Obwohl es mit einem gewissen Aufwand verbunden ist, kann es von jedermann erreicht werden. Dieses Buch wird Ihnen die Grundlage zur Verfügung stellen, um damit zu beginnen Ihr eigenes Unternehmen aufzubauen. Es wird Ihnen die notwendigen Tipps und Werkzeuge geben, um den Weg der finanziellen Unabhängigkeit einzuschlagen. Jedes Kapitel liefert Ihnen einen Plan mit dem Sie Schritt für Schritt ihr Geschäft aufbauen. Bis zu dem Moment, in welchem Sie Ihr erstes Produkt auf Amazon haben. Das kann in einem Monat erreicht werden, realistisch gesehen nimmt es in der Regel aber einen Zeitraum von 90 Tagen in Anspruch.

Es gibt viele verfügbare Kurse, die Ihnen dieses Geschäftsmodell näherbringen. Sie bringen jedoch Kosten mit sich, die €4.000 übersteigen. Einige Leute bevorzugen diesen Weg, obwohl alle erforderlichen Informationen und Ressourcen um dieses Geschäft zu erlernen, bereits ohne zusätzliche Kosten online verfügbar sind. Dieses Buch behandelt nicht jedes kleine Detail aber es gibt Ihnen eine gute Grundlage für den Start. Wenn Finanzen kein Problem sind, haben Sie vielleicht die Absicht einen Online-Kurs zu erwerben, um den Lernprozess zu beschleunigen. Mein Ratschlag ist es jedoch dieses Geld zu behalten, um es in ihre erste Warenlieferung zu investieren. Indem Sie Ihr Geld für den Bestand ausgeben und den ganzen Prozess durchgehen, erhalten Sie die beste Ausbildung zu diesem Thema.

Ein Unternehmen für Eigenmarken aufzubauen ist nicht nur eine Möglichkeit um eine Menge Geld zu verdienen, sondern es bedeutet, dass Sie einen Lebensstil gestalten können, bei dem Sie von jedem Ort arbeiten, Zeit mit ihrer Familie verbringen können und nicht von den Einschränkungen betroffen sind, die andere Unternehmen mit sich bringen. Eine Partnerschaft mit Amazon bedeutet, den größten Marktplatz auf der Welt greifbar zu haben. Der Vorteil in Bezug auf den Nutzen der Markenloyalität ist enorm, da die Kunden Amazon vertrauen. Sie wissen, dass sie im Fall von Problemen die Möglichkeit haben das Produkt innerhalb von 30 Tagen zurückzusenden und den vollen Preis ohne irgendwelche Probleme zurückerstattet bekommen. Der Umsatz von Amazon steigt Jahr für Jahr und es gibt keine Anzeichen einer Abschwächung.

In den nächsten Kapiteln werde ich Ihnen Schritt für Schritt erklären was Sie tun müssen. Sie werden herausfinden, dass es nicht so kompliziert ist wie sie gedacht haben.

Worauf warten Sie? Lassen Sie uns beginnen!

# Kapitel 1 – Der Weg zum Erfolg

Lassen Sie uns zu Beginn einen Blick auf das Konzept werfen. Ihr Ziel sollte es sein eine Marke aufzubauen. Amazon wird nicht ihr Business sein, sondern nur die Plattform die Sie verwenden, um die Marke einzuführen. Sobald Sie ihre erste Marke entwickelt und eingeführt haben können Sie planen eine weitere aufzubauen.

Der größte Fehler der von neuen Verkäufern gemacht wird besteht darin, nach Produkten zu suchen die sie verkaufen können. Man sollte allerdings zuerst nach einem Bereich suchen, um welchen sich eine Marke bauen lässt. Es hat keinen Sinn zu beginnen Handytaschen zu verkaufen und dann dazu überzugehen Küchenmesser zu verkaufen. Das führt zu keiner Marke. Wenn Sie mit dem Verkauf von Handytaschen beginnen, erstellen Sie eine Linie von Taschen für alle Modelle und verfügbaren Telefone. Der springende Punkt Amazon zu nutzen besteht darin, eine echte Marke und ein echtes Unternehmen aufzubauen.

Ihr erstes Produkt

Es gibt mehrere Kriterien die das beste erste Produkt bestimmen. Es sollte ihnen allerdings klar sein, dass Ihr erstes Produkt mit höchster Wahrscheinlichkeit nicht alle der Kriterien erfüllen wird. Die folgenden Orientierungspunkte sind momentan die aktuellsten. Bitte beachten Sie, dass es sich um eine zufällige Liste ohne Reihenfolge handelt.

1. Preis $10 - $50

Dieses Modell eignet sich um nach einem Produkt suchen, das einen ausreichend hohen Preis hat, um Ihnen eine Handelsspanne zu verschaffen. Der Preis sollte jedoch nicht so hoch sein, dass es unmöglich ist einen Bestand zu erwerben. Sie müssen dies allerdings nach Ihrem eigenen Budget bewerten.

2. BSR < 500

Der Bestsellers Sales Rank (BSR) ist die Rangordnung des Verkaufsvolumens jedes Produkts in einer bestimmten Kategorie. Sie können die

BSR-Rangliste in den Produktdetails jedes Produkts finden, gemeinsam mit der Rangliste in der Unterkategorie. Sie suchen nach einem großen Markt aus dem sie hoffentlich ihren eigenen kleinen Teil herausholen können.

Wenn Sie in die Richtung einer Produktkategorie gehen die auf Amazon angeführt ist, klicken Sie auf die Rangliste und Amazon offenbart Ihnen die Bestsellers jeder Kategorie. Von hier müssen Sie beginnen jede Kategorie und Unterkategorie nach Produkten zu durchsuchen, die Ihnen ins Auge springen. Dieses kostenlose Instrument wird von Amazon bereitgestellt http://profitspotlight.com/top_picks. Sie müssen dem Marketing-System beitreten, um kostenlosen Zugriff auf den Service zu erhalten. Dieser zeigt Ihnen die am meisten profitablen Artikel auf Amazon. Des Weiteren können Sie die Produkte nach Preis, Kategorie, Bewertungen usw. sortieren. Es gibt eine Menge Dinge, die Sie bei der Verwendung dieses Instruments untersuchen sollten, einschließlich ob es nur einen Top-Verkäufer mit hohem BSR in dieser Nische gibt oder ob die Produkte 2-20 auch einen guten BSR haben. Es ist den Versuch wert, das Verkaufsvolumen der ganzen Nische zu beurteilen, da Ihnen das ebenso einen guten Einblick darüber verschafft wie viel sie in der Lage sein werden zu verdienen.

Tipps, um das Verkaufsvolumen einzuschätzen

Wenn Sie sich einen Überblick über potentielle Konkurrenten verschaffen wollen, führen sie die folgenden Schritte aus:

- Wählen Sie ein Produkt (das privat verkauft wird, aber unter den FBA aufscheint)

- Fügen Sie das Produkt in den Warenkorb

- Ändern Sie den Warenkorb

- Wählen Sie im Drop-Down-Menü die Anzahl der Einheiten, die Sie erwerben wollen

- Fügen Sie 10+ ein, dann 999, das ist die größte Anzahl, die Sie eingeben können, da man nicht mehr als 1000 Produkte in den Warenkorb fügen kann

- Klicken Sie auf aktualisieren

Indem Sie das tun bekommen Sie falls der Verkäufer weniger als 1000 Stück auf Lager hat eine Nachricht, die Ihnen mitteilt, dass der Verkäufer nur xxx Einheiten des Produkts verfügbar hat. Wenn Sie sehen wollen, ob ein anderer Verkäufer einen größeren Bestand hat, gehen Sie auf die Detailseite des Produkts. Falls die Bestellung akzeptiert wird, wissen Sie, dass der Verkäufer mehr als 1000 Stück Bestand hat, wählen Sie ein anderes Produkt und starten Sie erneut.

Wenn Sie herausfinden, dass ein Verkäufer weniger als 1000 Einheiten eines Produkts auf Lager hat, notieren den verfügbaren Bestand. Kehren Sie jeden Tag zur gleichen Zeit zurück und prüfen Sie die Verfügbarkeit, das wird Ihnen eine gute Schätzung davon geben, wie sich das Produkt verkauft. Es gibt ein kostenpflichtiges Werkzeug von Amazon, das als Amazon Shark https://amzshark.com/ bekannt ist, welches Sie mit dieser und anderen Analysen gegen eine monatliche Gebühr beliefert.

### 3. Bewertung unter 500

Käufer suchen nach dem Beweis, dass das Produkt das hält was es verspricht, dass es von guter Qualität ist usw. Sie wollen sehen, was andere über das Produkt zu sagen haben. Wenn Ihre Hauptmitstreiter Tausende 5-Sterne-Bewertungen haben, ist es wirklich schwierig, mit ihnen zu konkurrieren. Sobald Sie Ihr Produkt erworben haben und es an Amazon gesendet haben, muss Ihre Priorität darin bestehen Bewertungen zu bekommen.

### 4. Potential für Eigenmarke

Sie müssen nach einem Produkt suchen, das keinen wirklichen Markennamen hat. Diese Produkte neigen dazu generischer zu sein, eine Hundeleine hat beispielsweise einen bestimmten Namen ist dem Haustiergeschäft aber es besteht die Chance, dass es kein gebräuchlicher Begriff ist.

### 5. Leicht und klein

Im Idealfall sollte Ihr erstes Produkt klein und leicht sein, da Sie so wenig wie möglich für den Versand ausgeben wollen. Wenn Ihr Produkt von Übersee kommt und Express geschickt werden kann statt mit Standardversand, kann Ihr Unternehmen schneller operieren und Ihr Geschäft wird in der Lage sein, früher den Bestand aufzustocken. Das optimale Gewicht ist weniger als ein ein halbes Kilo.

## 6. Verbrauchbar

Idealerweise ist Ihr Produkt verbrauchbar. Denken Sie an Multilevel-Marketing-Unternehmen, all ihre Produkte sind konsumierbar. Verbrauchsartikel sind Produkte, die die Leute mögen und immer wieder erwerben, damit machen sie das Geschäft stabil und nachhaltig. Der Großteil der verbrauchbaren Produkte ist in die Kategorie Gesundheit und Schönheit zu finden. Das ist eine Nische in der die Konkurrenz nach und nach zunimmt.

## 7. In der Nähe beschaffen

Viele beschaffen den Großteil Ihrer Produkte aufgrund der geringen Kosten in China. Wenn Sie jedoch Produkte in Ihrer Nähe finden können, müssen Sie sich nicht um den Versand, Zoll, Steuern usw. kümmern und letztlich wird der Prozess dadurch erleichtert.

Bitte erinnern Sie sich daran, dass es sich nur um Ratschläge handelt. Es ist sehr unwahrscheinlich, dass Sie in der Lage sein werden ein Produkt zu finden, das die oben genannten sieben Eigenschaften hat. Sie müssen diese jedoch in Betracht ziehen.

Es gibt eine Menge Tücken die für neue Verkäufer häufig problematisch sind, einschließlich:

### 1. Patente

Bevor Sie eine Bestellung für Produkte tätigen prüfen Sie unbedingt doppelt, dass keine Rechtsverletzungen in Bezug auf Patente bei der Gestaltung bestehen. Es ist einfach gefälschte Produkte aus China zu bekommen, die identisch wie die Artikel auf Amazon sind.

### 2. Haftungsaspekte

Sie müssen in Betracht ziehen, ob das Risiko besteht, dass Sie jemand verklagten könnte. Zwei Artikel, die einem hier sofort in den Sinn kommen sind Gesundheits- und Schönheitsprodukte. Jeder Verkäufer benötigt eine Haftpflichtversicherung, wobei Kapitalgesellschaften das Risiko teilweise verringern, trotzdem werden Sie Gerichtsverfahren absolut vermeiden wollen.

3. EPA-Vorschriften / FDA-Zulassung

Es gibt einige Produkte die kostspielige Tests benötigen könnten, um in bestimmten Märkten verkauft zu werden und das letzte das sie wollen ist, dass Ihre Produkte im Zoll hängenbleiben nachdem Sie dafür bezahlt haben.

4. Saisonale Produkte

Es ist klar, dass sich bestimmte Produkte besser in unterschiedlichen Zeiten des Jahres verkaufen. Deshalb müssen Sie während der Analyse darüber nachdenken, ob das Produkt nur in bestimmten Zeiträumen einen hohen BSR hat. Es ist kein Problem saisonale Produkte zu verkaufen, Sie wollen sich jedoch sicher nicht mit einem riesigen Bestand an Weihnachtsdekoration mitten im Sommer wiederfinden.

Wenn Ihnen einer der oben genannten Vorsichtshinweise Sorge bereitet, sollten Sie entweder nach alternativen Produkten suchen die einfacher auf den Markt zu bringen sind oder die Beratung eines qualifizierten Versicherungsbrokers und Anwalts in Anspruch nehmen. Beginnen Sie mit einfachen Produkten, bei denen Sie keine Bedenken haben und geben Sie auf die obigen Punkte Acht.

Aktionsplan

1.  Planen Sie ein Paar Stunden ein die Sie auf Amazon verbringen können. Sie sind nicht für anstrengende Überlegungen gedacht, deshalb sollten eine bis zwei Stunden am Abend ausreichend sein.

2.  Nehmen Sie Stift und Papier, beginnen Sie die unterschiedlichen Kategorien auf Amazon zu durchstöbern.

3.  Machen Sie eine Liste der Kategorien, die Sie am meisten interessieren. Zum Beispiel, wenn Sie eine Leidenschaft für Kunst und Handwerk haben, könnten Farbe und Stoffe die passende Nische für Sie sein.

4.  Suchen Sie nach Produkten in Ihrer Nische, die sich gut verkaufen (BSR unter 500 in ihrer Kategorie.)

5. Sobald Sie den Markt gefunden haben der Sie am meisten interessiert, beginnen sie eine Liste von 10 - 25 Produkten zu erstellen, um die Sie eine Marke aufbauen könnten.

6. Erforschen Sie einige unterschiedliche Kategorien und verschaffen Sie sich einen Einblick in die Märkte, in die Sie überlegen einzutreten.

## Kapitel 2 – Produkt und Marke

Dieses Kapitel widmet sich der Idee eine Marke zu bilden, da Sie ein Unternehmen aufbauen wollen und eine Marke gründen wollen, anstatt nur Produkte zu verkaufen. Es ist wichtig, dass Sie sich an diesen Punkt erinnern, sowie dass Sie 10 – 25 Produkte in Ihrer gewählten Nische suchen, mit denen Sie die Marke erschaffen können.

Während Sie Amazon nach neuen absetzbaren Produkten durchsuchen, nehmen Sie all die unterschiedlichen Marken wahr, betrachten Sie die Logos und die Verpackung und prüfen Sie, ob die Konkurrenz mehrere Produkte in Ihrer Nische hat.

Als Besitzer einer Marke sollten Sie danach streben ihre eigene USP (Unique Selling Proposition) zu erstellen und deshalb müssen Sie sich selbst fragen, was wird Ihre Produkte von all den anderen verfügbaren unterscheiden? Es könnte Ihre eigene einzigartige Verpackung sein oder vielleicht werden die Produkte aus ökologisch nachhaltigen Materialien erstellt. Denken Sie an einige der großartigsten Marken, zum Beispiel Apple. Sie werden schnell realisieren, dass Steve Jobs sich nie darum gesorgt hat, hunderte unterschiedliche Produkte zu erstellen, er war mehr daran interessiert, jedes Produkt richtig zu erzeugen von dem Moment, in dem der Kunde die Verpackung öffnet bis zum Ende der Verwendung. Dieser bereitgestellte Prozess ist eine einzigartige Erfahrung.

SWOT-Analyse

Während Sie nach ihrer eigenen Nische suchen, erstellen Sie eine SWOT-Analyse bezüglich Ihrer Konkurrenz.

### S – Strenght (Stärke)

Womit ist Ihre Konkurrenz erfolgreich? Suchen Sie 5-Sterne-Bewertungen und erörtern Sie genau, was den Kunden an diesem Produkt gefällt. Das sind die Dinge, die Sie dann in Ihrem Produkt versuchen, wiederzugeben.

### W – Weakness (Schwäche)

Suchen sie die schlechteren Bewertungen mit 1 oder 2 Sternen, um zu sehen womit die Kunden in dem Produkt unzufrieden waren. Untersuchen Sie ob es eine einfache Veränderung für Ihr Produkt gibt oder ob Sie zusätzliche Eigenschaften zu Ihrem Produkt fügen können um es besser zu machen. Dieser Teil der Analyse ist vital, da er Sie mit wertvollen Informationen beliefert um sich von Ihren Konkurrenten abzuheben.

### O – Opportunity (Möglichkeit)

Wie ist der Gesamtmarkt für ihre Nische, wird er wachsen oder schrumpfen? An diesem Punkt ist ratsam Google Trends zu verwenden, um nach Märkten zu suchen die sich ausbreiten. Um Ihre eigene Nische herauszuarbeiten müssen Sie nach einem beständigen Markt suchen der sich langsam ausbreitet.

### T – Threat (Bedrohung)

Welche Bedrohungen für den Markt gibt es in Ihrer Nische? Sie versuchen ein langfristig nachhaltiges Geschäft aufzubauen und nicht schnelle Verkäufe zu erreichen. Denken Sie darüber nach ob die Nische in einem Bereich ist, in dem sich die verwendete Technologie schnell verändert und besteht das Risiko, dass das Produkt obsolet wird?

Die Stärken und Schwachen liegen innerhalb Ihres Produkts, während die Möglichkeiten und Bedrohungen extern sind und den Gesamtmarkt betreffen. Analysieren Sie jede Nische sorgfältig und ziehen Sie die folgenden Punkte in Betracht wenn Sie ihre Produkte auswählen.

### Vorteile und Produkteigenschaften

### Qualität

Wenn Sie die Konkurrenzprodukte durchgehen, betrachten Sie sorgfältig die Qualität. Fragen Sie sich ob Sie das Produkt kaufen würden. Vermitteln Ihnen die Verkaufsmaterialien wie der Titel, die Beschreibung und die Bilder, dass es ein qualitativ hochwertiges Produkt ist? Idealerweise suchen Sie nach Produkten und Nischen die sich gut verkaufen aber Raum für Verbesserung haben, unabhängig davon ob im Produkt oder in dem Listing.

Verpackung

Die Verpackung kann einen riesigen Unterschied dabei ausmachen, wie das Produkt aufgenommen wird. Obwohl zwei Produkte identisch sind und eines davon eine bessere Verpackung hat, wird letzteres als qualitativ hochwertiger angesehen.

Preis

Wenn Sie nach Produkten suchen die Sie verkaufen können, nehmen Sie die Preise wahr die sich gut verkaufen. Erinnern Sie sich daran, dass Sie auf der Suche nach einer Nische sind in der sie 20 – 50 Verkäufe pro Tag erreichen können. Untersuchen Sie jede Kategorie, in der Sie in der Lage sein könnten, ein Produkt zu einem höheren Preis zu verkaufen und welche Eigenschaften das Produkt benötigen würde, um zu diesem Preis verkauft zu werden.

Alternativ versuchen einige Verkäufer mit dem Verkaufsvolumen bei Produkten mit geringeren Preisen zu punkten. Hier müssen Sie herausfinden, ob es einen Weg gibt um einen hochwertigen Artikel zu einem wirklich konkurrenzfähigen Preis bereitzustellen. Das endet jedenfalls in der Regel mit einer geringen Gewinnspanne für jedes verkaufte Stück aber wenn Sie die Verkaufsmenge erreichen können, könnte es trotzdem profitabel für Ihren Nettogewinn sein.

Es gibt keinen einzigen Weg der perfekt für jedes Szenario ist, aber die wichtigste Regel ist es sicherzustellen, dass Sie nicht an der Qualität sparen. Wenn Sie das tun riskieren Sie unglückliche Kunden, schlechte Bewertungen und ein riesiges Volumen an zurückgesendeten Produkten.

Aktionsplan

1.  Wenn Sie Amazon auf der Suche nach Produkten durchkämmen, denken Sie darüber nach, wo Sie Ihre Marke sehen.

2. Was können Sie tun, damit sich Ihr Produkt von dem Rest abhebt?

3. Fahren Sie damit fort, sich Notizen zu den Produktmöglichkeiten zu machen und versuchen Sie Ihre Wahl in eine oder zwei Nischen einzugrenzen, denen Sie wirklich ihre Zeit widmen wollen und mit denen Sie sich wirklich befassen wollen.

# Kapitel 3 – Was sind Produkte mit Eigenmarken (Private Lable Products)

Amazon ist seinem Namen treu, vor allem für diejenigen, die keine Erfahrung in dem Gebiet haben. Als eines der größten Online-Verkaufsportale ist es ein Muss für alle Verkäufer von Eigenmarken und der perfekte Weg, um neue Produkte auf den Markt zu bringen. In diesem Kapitel werfen wir einen Blick auf die Struktur der Seite von Ihrer Perspektive als Verkäufer. Dieses Kapitel nimmt ebenso die Vorteile des Verkaufs von Eigenmarken unter die Lupe und erklärt, wie man neuen Verkäufern die beste Möglichkeit gibt, ein nachhaltiges und stabiles Geschäftsmodell zu entwickeln.

Produkte mit Eigenmarken gegen Weiterverkauf

Amazon-Verkäufer teilen sich in zwei Gruppen. Jene die Einzelhandelsprodukte erwerben und sie auf Amazon mit Gewinn wieder verkaufen, und jene die Produkte mit Eigenmarken bieten, die sie von einer direkten Quelle erworben haben. Die Logik hinter dem Weiterverkauf ist einfach und attraktiv, da der Verkäufer beliebte Produkte mit einer Gewinnspanne absetzt. Somit können diese Weiterverkäufer einen schnellen Gewinn erreichen. Es gibt jedoch viele Nachteile dabei die auf der Tatsache beruhen, dass der Verkäufer das Produkt eines anderen verkauft. Außerdem ist die Möglichkeit für den Verkäufer eine Art von Marke zu entwickeln extrem beschränkt. Der Wiederverkauf limitiert das Potential der Verkäufer, Produkte in den „eingeschränkten Kategorien" auf Amazon zu verkaufen. Wenn das Produkt des Verkäufers nicht in der geeigneten Kategorie aufgelistet werden kann, wird es in der Kategorie „Alles Weitere" aufgelistet welche klarerweise die potentiellen Verkäufe weiter beschränkt.

Produkte mit Eigenmarken

Um ein FBA-Geschäft mit Eigenmarken zu beginnen, muss der Verkäufer darauf vorbereitet sein, Geld auszugeben bevor er einen Ertrag daraus erhält. Das bedeutet nicht, dass der Verkauf von Produkten mit Eigenmarken eine Option ist die nur Leuten zu Verfügung steht, die bereits in einem anderen

Geschäftsprojekt Erfolg hatten. FBA ist für den Großteil der Leute zugänglich die sich bereits selbst finanzieren oder ein wenig Geld haben mit dem sie arbeiten können. Ein Vorteil ist, dass der Verkäufer sein Geschäft und die Produktwahl so ausrichten kann, damit es das Budget, die Zeit und Energie widerspiegelt, die er hat.

# Kapitel 4 – Produkte suchen und finden

Es gibt eine riesige Anzahl von Produkten, die durch FBA verkauft werden können. Diejenigen die keine Erfahrung mit Marketing oder Produktentwicklung haben, bekommen leicht das Gefühl, dass sie sich mit einem schwierig aufzubauenden Business beschäftigen. In diesem Kapitel werde ich einige einfache Wege beschreiben um das Verstehen der Produktkategorien zu erleichtern. Außerdem werde ich die Schritte aufzeigen, die Sie machen können um das richtige Produkt zu wählen, sowie Sie beginnen Ihre Marke und ihr Unternehmen aufzubauen.

Wählen Sie Ihren Markt und Ihr Produkt

Wenn Sie das richtige Produkt wählen ist es einfach, ein FBA-Geschäft zu starten. Die wichtigste Frage die bei der Suche nach dem Produkt gestellt werden muss ist, ob Sie in der Lage sind eine Marke um das Produkt aufzubauen. Amazon ist eine exzellente Ressource für Leute die danach streben ihr eigenes Geschäft zu beginnen, da eine starke Marke tatsächlich die echte Grundlage für ein erfolgreiches Business ist. Der erste Schritt ist es, ein absetzbares Produkt zu wählen.

Um Ihre Produktwahl zu beginnen sollten Sie eine Liste der Dinge schreiben, die sie gerne machen. Diese Liste sollte Hobbys, Familienaktivitäten oder auch nur die täglichen Pflichten und Aufgaben einschließen, die ihr Leben bestimmen. Dann sollten Sie an die Dinge denken, die sie verwenden um diese Sachen zu bewerkstelligen. Wenn Sie etwas täglich verwenden besteht die Möglichkeit, dass Tausende andere Leute das ebenso tun und jeder dieser Artikel könnte ein großartiges erstes Produkt sein. Alternativ können Sie eine Liste all der Dinge schreiben, die Sie in einem Tag berühren. Die Durchführung dieser Übungen wird Ihnen einen tieferen Einblick über die Art der Artikel geben, die die Leute am meisten benötigen.

Einige der erfolgreichsten FBA-Verkäufer sehen sich Shopping-Kanäle an, um eine bessere Vorstellung der verfügbaren Produkte zu erhalten. Das ist ebenso ein Weg um eine bessere Vorstellung davon zu bekommen, welche Produkte Sie interessieren könnten und wie Sie ihr Unternehmen weiter zum

Wachsen bringen können.

Es ist empfehlenswert einen Blick auf EBay und Amazon zu werfen und Listen der Kategorien, Subkategorien, sowie der spezifischen Produkte zu erstellen die Sie interessieren. Indem Sie sich zu diesem Zeitpunkt mit so viel Information wie möglich waffnen werden Sie erkennen, dass Sie in der Lage sind eine durchdachte Entscheidung zu treffen.

## Das Feld eingrenzen

Sobald Sie eine Vorstellung des Produkts haben das Sie verkaufen wollen, denken Sie an zusätzliche fünf Produkte die mit dem zentralen Produkt eng verbunden sind. Nehmen Sie sich ein wenig Zeit und planen Sie voraus damit Sie den größten Erfolg durch die Wahl des ursprünglichen Produkts erzielen können. Prüfen Sie die Sektion der häufig gemeinsam gekauften Produkten die im unteren Teil der Angebote von Amazon angezeigt wird. Diese können Sie in neue Bereiche führen zu denen Sie ihre Marke fügen können.

Es ist wichtig zu verstehen was Amazon unter einem „Oversized Product – Übergroßen Produkt" versteht und wie sich das auf den Auswahlprozess Ihrer Produktion auswirkt. Das ideale Gewicht für Ihr Produkt liegt bei unter einem halben Kilo und bei einem Maximum von 2 Kilo. Das Produkt sollte 45 Zentimeter Länge nicht überschreiten, alle längeren Produkte werden als übergroße Produkte angesehen und können nur im Mengen bis zu 500 Stück oder weniger verkauft werden. Das würde ihr Verkaufspotential beträchtlich einschränken. Viele erfolgreiche FBA-Verkäufer arbeiten ebenfalls mit der Regel keine Elektronik und Produkte mit vielen beweglichen Teilen zu verkaufen die anfällig sind oder dazu neigen kaputtzugehen.

## Wählen Sie einen Gewinner

Sobald Sie Ihre potentiellen Produkte auf ihre Top Ten eingegrenzt haben, ist es an der Zeit zurück zu Amazon und EBay zu gehen um weitere Untersuchungen anzustellen. Zuerst sollten Sie versuchen zu erkennen, ob es bereits eine gut aufgebaute Präsenz für dieses Produkt gibt. Das ist besonders wichtig bei Ihrem ersten Produkt. Sie sollten eines mit einer nachgewiesenen Erfolgsbilanz in Bezug auf die Verkäufe wählen.

Die zwei wichtigsten Dinge die man beachten sollte, wenn man ein bewährtes Produkt auf Amazon bewertet, sind der Bestseller-Rank (BSR) und die Beurteilungen. Der Top Seller ihres potentiellen Produkts sollte einen BSR von 500 oder weniger haben. Es ist wichtig nicht nur den Topseller zu prüfen, sondern auch den 2., 3., 4., 5 und 6. Im Idealfall haben der 3. und der 4. Rang einen BSR von 1500, der 5. und 6. Rang circa 5000. Das zeigt Ihnen sofort, dass eine Nachfrage für das Produkt besteht und dass Raum in dem Markt für einen zusätzlichen Verkäufer vorhanden ist. Das bedeutet, dass sie dort eindringen und beginnen können eine bedeutsame Präsenz aufzubauen und einzurichten.

Die Anzahl der Bewertungen eines Produkts gibt Ihnen ebenso eine gute Vorstellung über das Potential des Produkts. Ein Bestseller-Produkt das mehr als 500 Bewertungen hat ist keine ideale erste Wahl, aber eine Ausnahme wäre wenn die nächsten drei beliebtesten Verkäufer 300 oder weniger Bewertungen haben.

Überwachen Sie die Verkäufe und die Bewertungen der Produkte, an denen Sie für den Verkauf interessiert sind über den Zeitraum von einer Woche. Wenn Sie von einem zum nächsten Tag bessere Ergebnisse in Bezug auf Bewertungen, BSR oder Produktranking erkennen sagt Ihnen das, dass der Verkäufer möglicherweise im Moment eine Promotion bietet, die während dem Zeitraum der Überwachung des Produkts begonnen hat oder endete.

Werfen Sie schließlich einen Blick darauf wie viele Produkte der durchschnittliche Verkäufer anbieten muss, diese Information wird auf lange Sicht unbezahlbar sein, da sie Verständnis darüber verschafft welche Möglichkeiten Sie im Bezug auf die Ausbreitung Ihres eigenen Unternehmens haben.

# Kapitel 5 – Produkte finden

Sobald Sie einige Produkte identifiziert haben beginnen Sie mit der Suche nach potentiellen Produzenten oder Lieferanten die Sie verwenden können, um ihr Produkt mit Eigenmarke herzustellen. Vor dem Internet waren es nur die großen multinationalen Unternehmen, die eine riesige Aufstellung von Kontakten hatten und in der Lage dazu waren Produkte weltweit zu beschaffen. Der technische Fortschritt hat sich auf die Suchmaschinen ausgewirkt und dieses Gebiet für alle geöffnet.

<u>Alibaba</u>

Genau so wie Amazon von den Kunden des Einzelhandels genutzt wird, wird Alibaba von der Gemeinschaft des Business-To-Business verwendet. Gleich wie Amazon erlaubt Alibaba den Käufern direkt mit Lieferanten und Großhändlern weltweit zu kommunizieren. Es ist wichtig, dass Sie sich auf Alibaba registrieren und einen Account einstellen damit Sie in der Lage sind, mit der Suche zu beginnen. Wenn Sie nach Küchenmessern suchen werden Sie sicherlich genug finden, um für Wochen beschäftigt zu sein! Es ist ratsam beim der Suche nur die Ergebnisse zu verwenden, die ein goldenes Lieferanten-Rating und den Onsite-Check haben. Das sind zwei Dinge die feststellen, dass das Geschäft mindestens seit zwei Jahren aktiv ist, und dass Alibaba eine Prüfung Vorort durchgeführt hat um festzustellen, dass es tatsächlich ein Lager und ein aktives Geschäft gibt.

Wenn Sie mit Alibaba vertraut sind, sollten Sie die Zahlungsmethoden beachten, die von den Lieferanten angeboten werden. PayPal oder Ali Escrow sind die sichersten Zahlungsarten, da sie einen gewissen Schutz bieten. Wenn der Verkäufer sagt, dass er nur telegrafische Überweisung oder Western Union akzeptiert, würde ich raten das zu vermeiden. Der Großteil der Verkäufer erfordert die telegrafische Überweisung und das ist in Ordnung sobald Sie ein paar Bestellungen gemacht haben und eine Beziehung mit diesem Verkäufer aufgebaut haben. Wenn sich der Verkäufer über die Gebühren von Paypal beschwert fordern Sie ihn auf, diese für Ihre Sicherheit zur Rechnung hinzuzufügen..

*Sven Koch*

## Aliexpress

Während ich empfehle Alibaba als ersten Anlaufhafen zu nutzen, ist Aliexpress ebenso eine wirklich gute Ressource. Diese wird jedoch hauptsächlich für einzelne oder kleinere Bestellungen verwendet während Alibaba der Ort für größere Mengen ist. Sie werden feststellen, dass viele Lieferanten auf beiden Seiten präsent sind und Bestellungen für kleine und große Mengen bieten.

## Google

Tippen Sie „<product> + wholesaler, supplier" in Google und Sie werden mit Seiten voller Lieferanten belohnt, die mehr als glücklich darüber sein werden Ihr Produkt mit Eigenmarke herzustellen. Der Großteil der Lieferanten auf Alibaba stammt aus China; Google wird Ihnen sicherlich dabei helfen, Lieferanten in geringerer Entfernung zu finden.

## Mindestbestellmenge (MOQ)

Jeder Lieferant setzt seine Mindestbestellmenge fest. Sie sollten diese als Richtlinie betrachten und nicht als festgesetzte Regel. Wenn er 2000 Einheiten angibt und Sie sich nur 1000 leisten können oder eine Testbestellung dieser Menge tätigen wollen, senden Sie eine Anfrage. Schließlich ist das schlechteste das er sagen kann, nein!

## Anfrage-Email

Der erste wichtigste Schritt in Ihrer neuen Unternehmung ist es, die ersten Anfragen an einige unterschiedliche Lieferanten zu senden. Für Anfänger kann das ziemlich nervenaufreibend sein weil sie sich möglicherweise trotz der Tatsache, dass sie im Internet anonym sind wie ein Blender fühlen! Denken Sie einfach daran, dass jedes Unternehmen irgendwo beginnen muss, also gehen Sie es einfach direkt an und vergessen Sie anfängliche Besorgnisse.

Es gibt einige Verkäufer die empfehlen anzugeben, der Beschaffungsleiter eines großen Unternehmens zu sein. Andere raten, sich als relativ neues Start-up -Unternehmen vorzustellen. Wenn Sie so tun, als verstünden Sie Dinge, die sie klarerweise nicht kennen und eine Erklärung dafür benötigen, bringen Sie sich in Schwierigkeiten. Sie werden feststellen, dass viele Lieferanten vielleicht nicht antworten wenn sie glauben, dass Sie ein kleiner Fisch sind. Deshalb müssen Sie selbstsicher sein und Ihre begrenzte Erfahrung geradeaus zugeben.

Es gibt keine richtige oder falsche Art um auf neue Lieferanten zuzugehen, eher eine Präferenz von Ihrer Seite wie sie diese neue Beziehung handhaben wollen. Ich würde empfehlen, dass Sie versuchen mit ihrem ersten E-Mail einen guten Eindruck zu machen und nicht mehr als zwei wichtige Fragen stellen. Machen Sie nicht den Fehler den Lieferanten mit einer riesigen Liste von Fragen zu bombardieren, da er um einiges weniger daran interessiert ist Ihnen zu antworten. Der erste Kontakt sollte ein Signal sein, um Ihre zukünftige Beziehung aufzubauen. Versichern Sie sich jenen mehr Aufmerksamkeit zu schenken, die prompt und mit perfektem Englisch antworten.

Sobald Sie eine Liste all Ihrer potentiellen Lieferanten erstellt haben, können Sie allen auf einmal eine E-Mail senden, indem Sie das System von Alibaba nutzen. Hier folgend finden Sie das standardisierte Anfrage-Email, das je nach den Anforderungen angepasst werden kann:

Guten Morgen/Tag,

Ich schreibe Ihnen, um eine Probe des Produkts <Produkt> anzufordern und wäre an einer anfänglichen Probebestellung von <Anzahl> Einheiten interessiert.

Ich bitte Sie, mir den Preis für die folgenden Mengen mitzuteilen, da die Verkäufe voraussichtlich schnell steigen werden.

500, 1.000, 2.000, 4.000 und 10.000

Ich möchte ebenso einige Optionen für Bearbeitungen mit Ihnen prüfen. Daher bitte ich Sie, die Einheiten mit den folgenden Änderungen preislich anzusetzen sofern diese umsetzbar sind, <Änderung1> und <Änderung 2>.

Vielen Dank im Voraus für Ihre prompte Antwort.

<Ihr Name> Brand Manager

<Name des Unternehmens>

Proben

Wenn Sie die Lieferanten auf die wenigen begrenzt haben mit denen Sie vielleicht handeln wollen, besteht der nächste Schritt darin, mit dem Bestellen der Proben zu beginnen. Die Art auf die Sie das verwalten, hängt von Ihrer Zeit und Ihrem Budget ab. Jede Probe die Ihnen gesendet wird ist ein Kostenpunkt, der mit circa $40 - $60 bemessen werden kann. Es ist ratsam eine Vielfalt von Proben zu bestellten, damit Sie Ihre Bedürfnisse auf die beste Weise zufriedenstellen und auch um die Qualität vergleichen zu können. Legen Sie sich nie auf etwas fest das Sie nicht als passend ansehen. Besonders wenn Sie ein Qualitätsproblem feststellen, gehen Sie direkt zum Nächsten über und finden Sie etwas anderes. Wenn es auch nur ein kleines Detail gibt das Sie anders möchten, haben Sie keine Angst oder zögern sie nicht Änderungen zu fordern.

Aktionsplan

1. Richten Sie Accounts auf Alibaba und Aliexpress ein

2. Beginnen Sie, Favoriten auf Ihre Liste zu fügen

3. Senden Sie Anfrage-Emails

4. Bestellen Sie Proben.

# Kapitel 6 – Wie man eine Marke kreiert

Im Idealfall beginnen Sie nicht mit den Inhalten dieses Kapitels zu arbeiten, bis sie Ihre Proben bestellt haben oder bis sie mindestens ziemlich sicher über Ihr erstes Produkt sind.

<u>Geben Sie Ihrem Unternehmen einen Namen</u>

Das kann wirklich tückisch für einige Leute sein. Es ist wichtig bei der Wahl des Namens zu kontrollieren, dass die Domain der Webseite verfügbar ist. Sie wollen den Fehler nicht machen 15+ bereits vergebene Namen zu durchforsten, nur weil Sie vergessen haben zu prüfen, ob Sie diese Webseite bekommen können oder nicht

Es gibt eine große Anzahl von Arten und Stilen die verwendet werden können, um Ihr Unternehmen zu benennen. Denken Sie an das Gefühl das Sie vermitteln wollen und den Markennamen den Sie nachbilden möchten. Was gefällt Ihnen an dieser speziellen Marke? Ist sie kurz und aussagekräftig oder länger und beschreibend? Suchen Sie Synonyme in einem Thesaurus um zu sehen, ob Sie ein Wortspiel mit Stilen oder Titeln finden können. Mein Tipp wäre es „Wie man ein Unternehmen benennt" in Google einzugeben, da Sie eine Menge hilfreicher Tipps finden werden. Zusätzlich wollen Sie vielleicht auch meinen nachstehenden Empfehlungen folgen, bevor Sie beginnen:

1. Der Name muss gut klingen und einfach zu merken sein. Denken sie an Alliteration (in der die Wörter mit dem gleichen Buchstaben beginnen) oder Wörter, die sich reimen, wie Coca Cola.

2. Versuchen Sie eine näher beschreibende Version aber versichern Sie sich, dass der Name nicht zu lang wird.

3. Erfordern Sie Hilfe von anderen und beginnen Sie ein Brainstorming für den Namen zu machen

4. Versuchen Sie Variationen der Wörter und ersetzen Sie die herkömmlichen Buchstaben wie S mit Z oder F mit PH.

Es ist wichtig sicherzustellen, dass Sie Ihren Namen markenrechtlich schützen können und dass Sie prüfen ob Sie die damit verbundene Webseiten-Adresse bekommen.

## Logo

Das Logo ist das nächste sehr wichtige Element Ihrer Marke, da es dem Kunden ein Bild davon verschafft wer Sie sind. Es gibt eine Vielzahl von Seiten im Internet die Sie damit beauftragen können und die Kosten sind ziemlich gering. Idealerweise sollten Sie die Anfrage an drei Unternehmen senden da die Möglichkeit groß ist, dass Sie mindestens zwei Logos erhalten, die Ihnen gefallen. Sobald Sie Ihre Entscheidung getroffen haben, sollte Sie das nicht mehr als $30 kosten.

## Verpackung

Was Sie für die Verpackung wählen hängt stark von der Art des Produkts ab, das Sie gewählt haben. Es gibt Verkäufer die in wunderschöne Verpackungen, die sie von den Konkurrenten abheben. Andere wählen zu Beginn ein Weißprodukt. Weißprodukt bedeutet, dass der Verkäufer sehr wenig in die Verpackung eingreift und nur ein sehr einfaches Label hinzufügt. Die Verpackung ist sehr wichtig für den gesamten Verkaufsprozess, aber sie sollte Sie zu Beginn nicht stark beanspruchen. Wenn Sie anfänglich die Verpackung einfach und effektiv gestalten können ist das großartig, da Sie diese zu einem späten Zeitpunkt wenn die Verkäufe eingehen verbessern können.

Es zahlt sich aus die Lieferanten zu fragen, welche Verpackungs-Templates sie verfügbar haben. Der Großteil von ihnen bietet einige Arten von einfacher Verpackung als Teil der anfänglichen Produktkosten.

## Aktionsplan

1. Finden Sie bei einem Brainstorming mindestens fünf gute Namen für das Unternehmen und wählen Sie einen.

2. Erstellen Sie Ihr Logo

3. Erstellen Sie eine einzigartige Verpackung – erinnern Sie sich daran, nicht zu viel Zeit damit zu verbringen, da sie zu einem späteren Zeitpunkt neu entworfen werden kann wenn Sie einige Aufträge eingefahren haben.

# Kapitel 7 – Versand und Qualitätskontrolle

Es gibt eine Menge Versandoptionen die Ihnen zu Verfügung stehen. Es ist wichtig einen Überblick über die unterschiedlichen Methoden zu erhalten und nicht einfach eine Option zu wählen weil sie die günstigste ist, da sich diese nicht immer als die beste Lösung erweist.

<u>See gegen Luft</u>

Wenn Sie sich mit dem internationalen Versand beschäftigen ist es die einfachste Methode, die Produkte von Ihrem Lieferant durch Lufttransporte zu erhalten. Sie können dann wirklich schnell damit beginnen diese zu verkaufen, da diese Methode circa eine Woche von dem Lieferanten zu Amazon in Anspruch nimmt. Es ist jedenfalls sehr wichtig zu erkennen, dass die Kosten des Lufttransports doppelt so hoch sein können wie jene des Seetransports.

Seetransporte können ein Minimum von 40 Tagen in beanspruchen und diese Versandart sollte wirklich von einem Spediteur organisiert werden. Sie glauben es vielleicht anfänglich nicht aber die Wartezeit, in der Ihre Produkte mitten im Pazifik sind kann eine der längsten und schmerzhaftesten Erfahrungen sein! Es ist viel schwieriger Ihren Bestand zu verwalten wenn Sie eine Verzögerung von mindestens 40 Tagen nur durch den Versand einberechnen müssen. Hier ist die Durchlaufzeit für die tatsächliche Produktion der Waren noch nicht einkalkuliert.

Als Unternehmensinhaber und Online-Verkäufer müssen Sie die Kosten und Einschränkungen sorgfältig abwägen, wenn Sie Ihren Business Plan erstellen. Seetransporte sparen zweifellos eine Menge Geld ein welches Ihnen später erlauben wird, beim Aufbau Ihrer Marke um einiges aggressiver in Bezug auf den Preis zu sein. Auf der anderen Seite bedeutet es jedoch, dass Ihre Ware ausverkauft sein könnte. Was würde Sie das kosten?

Wenn Sie ein Produkt gewählt haben das klein und leicht ist, ist es zu Beginn ratsam den Express-Versand zu wählen. Sobald Sie Ihr Verkaufsvolumen berechnet haben und über ein wenig Geld verfügen das es Ihnen erlaubt, einen höheren Bestand zu erwerben können Sie den Versand mit Seetransport austauschen. Wenn Sie jedoch größere und schwerere Produkte haben werden Sie möglicherweise zu dem Schluss kommen, dass Sie keine andere Wahl als den Seetransport haben. Andernfalls wird ihr gesamter Profit dafür aufgewendet, das Produkt in das Land zu bringen oder Sie werden vielleicht nachdem Sie alle Kosten in Betracht gezogen haben herausfinden, dass der Endpreis zu hoch für den gewählten Markt ist.

## Spediteure

Wenn Sie sich für den Seetransport entscheiden wird Ihr Spediteur bald Ihr bester Freund sein. Diese Beziehung muss weise gewählt werden, es sich um die Personen/das Unternehmen handelt die die Koordination zwischen dem Lieferanten und dem Versandunternehmen handhaben. Sie verwalten die Import- und Zollprozesse, sowie den Versand in das Amazon-Lager. Sie müssen vollständig über die Anforderungen von Amazon im Bilde sein, wie Anforderungen bezüglich Warenauszeichnung, Größe und Pallets. Seien Sie sich dessen bewusst und fragen Sie die Spediteure die Sie kontaktieren, welche Erfahrung sie mit dem Versand an Amazon haben.

## Inspektion/Qualitätskontrolle

Es gibt einige Verkäufer, die im Vergleich zu anderen diesen Step zu dem Prozess hinzuzufügen. Das Risiko beim Verzicht auf eine anfängliche Inspektion der Waren besteht darin, dass Sie am Ende defekte Produkte erhalten könnten die durch Amazon verkauft und geliefert werden. Wenn Sie relativ nah am Standort von Amazon leben und die zusätzliche Lieferung nicht zu teuer ist könnten Sie entscheiden, dass es das Beste ist die Waren zuerst zu Ihnen schicken zu lassen. Das empfiehlt sich wenigstes für die ersten beiden Bestellungen, bis Sie völlig zufrieden mit der Qualität der durch den Lieferanten bereitgestellten Waren sind.

Alternativ könnten Sie nach einem Inspektionsunternehmen Ausschau halten oder nach einem Agenten in dem Land, in dem die Produkte hergestellt werden. Dieser inspiziert die Endprodukte vor dem Versand.

## Warenauszeichnung

Jedes Produkt das Amazon zugesandt wird, muss eine Warenauszeichnung aufweisen. Wenn Sie diese nicht selbst vornehmen wollen, kann Amazon das für sie gegen eine Gebühr erledigen. Wenn Sie die Produkte nur auf Amazon verkaufen, können Sie ihre FNSKU-Nummer verwenden, diese besondere Nummer und den Code auf dem Produkt zu haben vermeidet die Notwendigkeit, Aufkleber auf jedes individuelle Produkt anbringen zu müssen. Alternativ können Sie die „vermischte Inventur" mit Amazon wählen und einen UPC-Code anzubringen. Das erlaubt es Ihnen den selben UPS-Code zu verwenden und die Verpackung gleich zu lassen, wenn Sie zusätzlich zu Amazon auf anderen Seiten verkaufen. Amazon erfüllt alle Verkäufe, unabhängig von den Verkaufskanälen aus denen sie stammen.

Bestandsplatzierung

Wenn Sie den Versand der Waren an Amazon planen, bestimmt ein Algorithmus (eine Prozedur oder Formel für die Problemlösung), wohin Sie den Bestand senden sollen. Der Algorithmus entscheidet oft unter der Verwendung des Verkaufsvolumens und anderer Faktoren, wohin die Waren gesendet werden sollen, ob in zwei oder mehrere unterschiedliche Erfüllungszentren. Natürlich verursacht dies weitere zusätzliche Kosten, die in Ihre Versandplanung eingerechnet werden müssen.

Alternativ können Sie entscheiden, die Leistungen der Bestandsplatzierung in Anspruch zu nehmen, die von Amazon geboten werden. Damit senden Sie einfach ihren gesamten Bestand zu einem Amazon-Zentrum und Amazon wird sich gegen eine Gebühr um den Versand in andere Erfüllungszentren kümmern, diese Gebühr hängt von der Größe und dem Gewicht der Produkte ab.

Da Sie wählen können welche Leistung sich am besten für Ihr Geschäftsmodell eignet, müssen Sie herausfinden was am kosteneffektivsten für Ihr Business ist. Es hat keine Bedeutung ob Sie oder Amazon die Verteilung in die Erfüllungszentren verwalten. Es rentiert sich wirklich alle Optionen vollständig zu analysieren, weil diese Kosten je nach den involvierten Variablen dramatisch variieren können.

Aktionsplan

1. Entscheiden Sie, ob Sie Luft- oder Seetransport für den Versand verwenden wollen

2. Stellen Sie bei Bedarf einen Spediteur ein

3. Entscheiden Sie, wie Sie die Warenauszeichnung Ihrer Produkte gestalten wollen

4. Legen Sie fest, ob Sie die Option der Bestandsplatzierung verwenden wollen, oder ob Sie an multiple FBA-Zentren liefern wollen, je nach dem was kosteneffektiver ist.

# Kapitel 8 – Beginnen Sie, Ihre Produkte zu verkaufen

Das ist der Teil in dem alle Verkäufer beginnen, wirklich aufgeregt zu werden und endlich ein wenig Spaß haben! Das Listing der Produkte ist Ihr Sprungbrett und die Möglichkeit der Welt Ihr Produkt zu zeigen und mitzuteilen was es besser als die Konkurrenz macht.

Kunden durchsuchen Amazon mit der Suchmaschine und Amazon zeigt die bestverkauften und wichtigsten Produkte bei der Suche ganz oben an. Aus diesem Grund müssen Sie sicherstellen, dass Sie die folgenden Variablen beachten:

Keywords

Auf die gleiche Weise wie Google verwendet Amazon die Keywörter in Ihrem Titel und in ihrem Beschreibungsfeld um sie an die Suche des Kunden anzupassen. Sie müssen sicherstellen, dass Sie so viele Keywords wie möglich in Ihrem Produktlisting haben. Erforschen Sie die Produktpräsentationen Ihrer Konkurrenten um herauszufinden welche diese verwenden. Verwenden Sie das Keywordtool von Google Adwords, um das Volumen der Suche für diese besonderen Keywords herauszufinden. Das ist ebenso nützlich um zu sehen, welche ergänzenden Produkte eventuell von Kunden gekauft werden. Stellen Sie sicher, dass Sie diese Keywords in Ihrem Produktlinsting angeben, damit auch Sie in der Suche angezeigt werden.

Konvertierungsrate

Wenn ein Kunde Ihr Produkt findet und auf das aktuelle Listing klickt, welcher Prozentsatz der Besucher kauft tatsächlich Ihre Produkte? Wenn die Konvertierungsrate gering ist (weniger als 10%), bedeutet es, dass den Leuten nicht gefällt was sie sehen oder es könnte die Art sein auf welche das Produkt beschrieben wird, oder sogar das Foto. Wenn Sie eine gute Konvertierungsrate haben (als 20% - 30% gekennzeichnet) bedeutet das, dass der Großteil der Kunden die Ihre Produkte finden zufrieden sind und sich nicht weiter umsehen.

Es ist wichtig sich daran zu erinnern, dass ein großer Faktor der Konvertierungsrate davon abhängt, wie viele Bewertungen Sie haben. Sie werden sehen, dass ihre Konvertierungsrate beginnen wird zu steigen wenn sich die Anzahl der positiven Bewertungen erhöht.

Klickrate

Die Klickrate ist eine andere Art, um den Prozentsatz der Zeit festzulegen in der die Kunden Ihre Produkte ansehen und auf Ihre Listings klicken, um diese genauer zu begutachten. Amazon will Produkte vor den Kunden platzieren, die höhere Klickraten haben da diese effektiv eine größere Anzahl von Verkäufen erlauben, was sich in höheren Erträgen für Amazon niederschlägt. Das ist ein bestimmender Faktor, besonders wenn Sie Pay-per-Click-Werbungen verwenden die wir uns später in dem Buch ansehen.

Einer der wichtigsten Faktoren Ihres Listings sind das Foto und die Bilder, die Sie einfügen. Da kein physisches Produkt für Ihre Kunden verfügbar ist das sie in ihren Händen halten können, werden sie den Großteil der Zeit auf Ihrem Listing damit verbringen, sich das Foto anzusehen. Deshalb ist es sehr wichtig, dass Sie ein hochwertiges Bild haben und all die verfügbaren Stellen für Fotos verwenden. Im Moment sind dies neun.

Das Produktlisting ist ein Punkt über den ich viel mehr schreiben könnte, jedoch beginnt Ihr echter Lernprozess wenn Sie die Listings Ihrer Konkurrenten der gewählten Nische studieren. Sehen Sie sich die Dinge der Listings an, die Ihnen gefallen und die ihnen nicht gefallen. Studieren Sie ihre Verkaufstexte und entwickeln Sie Wege um sie zu verbessern. Unter keinen Umständen sollten Sie das Listing einer anderen Person kopieren aber es gibt nichts, das Sie davon abhält, den Text als Grundlage für Ihren zu verwenden.

Eigenschaften und Vorteile – Bullet Points

Kunden interessieren sich für die Eigenschaften eines Produkts, aber sie kaufen in jedem Fall die Vorteile. Neue Verkäufer listen oft die Produkteigenschaften auf, aber fast immer machen sie den Fehler zu vergessen, die Vorteile hinzuzufügen und zu unterstreichen, die das Produkt dem Endnutzer bieten kann. Sie müssen versichern, dass Sie die Vorteile des Produkts verkaufen.

## Optimierung des Listings

Sobald sie ihr Produkt hochgeladen haben und es verkaufen, machen viele Leute den Fehler zu versuchen das Listing zu perfektionieren. Das ist in Ordnung unter der Voraussetzung, dass der Verkäufer das Listing nicht zu stark manipuliert. Idealerweise sollte man ein Mal pro Woche Veränderungen vornehmen und auch hier sollte man nur eine Optimierung hinzufügen. Wenn Sie zu viele Änderungen machen wird es häufig wirklich schwer zu bestimmen, welche Faktoren die Konvertierungsrate tatsächlich beeinflussen. Im Moment gibt es absolut keine Möglichkeit um die Variablen beim Test zu trennen, deshalb ist es wichtig geduldig zu sein und jede Variable einzeln zu testen.

## Aktionsplan

1. Studieren Sie den Text Ihrer Konkurrenten

2. Kreieren sie ein überzeugendes Listing, das einen überzeugenden Titel und Bullet Points enthält.

3. Erstellen Sie ein qualitativ hochwertiges Foto und versichern Sie sich, dass es den Spezifizierungen von Amazon entspricht.

4. Sobald sie bereit und aktiv sind, beschäftigen Sie sich nur ein Mal pro Woche mit Optimierungen

# Kapitel 9 – Produkteinführung

Gut gemacht, Sie sind endlich im Geschäft! Ihre Produkte wurden zu Amazon geliefert, Ihr Listing ist perfektioniert und Sie sind momentan auf der Seite 10 der Keyword-Suche aufgelistet. Niemand weiß, dass Sie präsent sind und Sie haben keine Verkäufe.

Deshalb ist es wichtig, dass Sie einen Plan haben um Ihr Produkt einzuführen, damit Sie die Rangliste der Keyword-Suche erklimmen können. Verkäufe und Bewertungen sind die Punkte um die Sie sich zu diesem besonderen Zeitpunkt am meisten kümmern sollten. Beginnen Sie nicht sich um Ihre Webseite zu sorgen, Ihr nächstes Produkt oder Millionen anderer Dinge zu beginnen, zu verbessern und zu ändern. Alles das sie tun müssen ist es, Verkäufe zu erreichen und all diese wichtigen Bewertungen zu erhalten.

Freunde und Familie

Der erste Schritt den Sie vervollständigen müssen ist eine Aktion einzurichten, die es Ihnen ermöglicht Produkte an Ihre Familie und an Freunde zu verkaufen. Der Preis muss mindestens $1 sein, sonst gelten die Bewertungen die diese Leute hinterlassen als nicht geprüft. Die aktuellen Richtlinien an die sich Amazon strikt hält, sind wirklich wichtig und schließen die folgenden ein:

1. Verkaufsfördernde Bewertungen

Um die Integrität der Kundenbewertungen zu wahren erlaubt Amazon den Autoren, Künstlern, Herstellern, Entwicklern, Verlegern, Anbietern oder Verkäufern nicht, Bewertungen für ihre eigenen Leistungen oder Produkte zu schreiben, sowie die Nützlichkeit der Bewertungen auszudrücken. Aus genau dem gleichen Grund ist es der Familie oder nahen Freunden der Person, Gruppe oder des Unternehmens, das auf Amazon verkauft nicht gestattet, Kundenbewertungen für diese spezifischen Produkte zu schreiben.

## 2. Bezahlte Bewertungen

Amazon erlaubt keine Bewertungen oder Stimmen für die Nützlichkeit der Bewertungen, die gegen Bezahlung oder Kompensierungen jeder Art gepostet werden. Die einzige Ausnahme bezüglich dieser Regel sieht vor, dass ein Verkäufer der ein kostenloses oder verbilligtes Produkt für eine Bewertung bietet erklären muss, dass er positives und negatives Feedback entgegennimmt. Wenn eine Person ein kostenloses oder verbilligtes Produkt als Gegenleistung für eine Bewertung erhält, muss diese Tatsache klar erklärt werden.

Amazon sieht Familie oder Freunde als jene an, von denen der Verkäufer ein Produkt erhalten hat oder der eines ihrer Produkte erhalten hat. Unabhängig davon kann ein Verkäufer in der Regel mindestens 20 Bewertungen von seinem Einflussbereich erhalten. Es ist wichtig diesen Vorteil zu nutzen, da Sie sich nur sehr wenige Verkäufe erwarten können solange Sie weniger als 10 Bewertungen haben.

## 3. Promotions-Code

Um Bewertungen anzuhäufen ist es vital, dass Sie den Dingen einen Stoß in die richtige Richtung verpassen. Einer der besten Wege um Ihre Verkäufe anzukurbeln und das Ranking für Ihre Keyword-Suche zu erklimmen, ist die Bereitstellung von Couponcodes die Ihnen erlauben, einen geringen Preis zu bieten z.B.$1 - $4.95 um das Produkt gegen eine ehrliche Bewertung zu verkaufen.

Es gibt viele Arten auf welche die Verkäufer das tun können, einige sind konservativer als andere. Deshalb ist es wichtig, dass Verkäufer die Allgemeinen Geschäftsbedingungen von Amazon nicht verletzen. Es ist vorhersehbar, dass Amazon andere Möglichkeiten finden wird um sich zu verschärfen und unehrlich erhaltene Bewertungen zu stoppen. Deshalb ist es wichtig, dass Sie darauf Acht geben wie Sie Ihre Bewertungen erhalten. Statistiken zeigen, dass Amazon die Verkäufe um $1 prüft deshalb ist es ratsam mit einem Preis von $1,95 oder mehr zu beginnen.

Der Zweck dieser Promotionen ist es, den Algorithmus der Verkäufe auf Amazon zu umgehen und Ihren Produkten zu helfen das Ranking Ihrer

Keywords zu verbessern. Außerdem ist es ein Weg, um mehrere Bewertungen zu erhalten. Sobald Sie die BSR-Rate mit der Promotion erhöhen, werden Sie ebenso beginnen organische Verkäufe einzufahren. Es ist wichtig dies am Anfang beständig zu tun, bis sie genug Verkäufe erhalten, um auf die ersten Seite der Keyword-Suche zu gelangen.

Es gibt unterschiedliche Seiten, die Sie für Produkteinführungen nutzen können, einschließlich:

www.zomblast.com

Zomblast hat eine große Liste die Ihr Promo-Produkt kaufen wird, sie sind versiert und darüber informiert wie Bewertungen hinterlassen werden.

www.tomoson.com

Tomson ist eine Seite, die Blogger anzielt.

Wenn Sie beginnen zu suchen werden Sie bald herausfinden, dass es viele Facebook-Gruppen gibt die verkaufsfördernde Leistungen bieten. Stellen Sie erneut sicher, dass Sie keine Linien in Bezug auf die Allgemeinen Geschäftsbedingungen von Amazon überschreiten.

Pay-per-Click

Sobald Sie 15 - 20 Rezensionen angehäuft haben (diese Zahl hängt von der Nische des Produkts ab) können Sie die Werbung durch Amazon Pay-per-Click beginnen. Die Bewertungen sind für den sozialen Beweis (Social Proof) erforderlich und um sicherzustellen, dass Ihre Konversionsrate hoch genug ist um die Kosten pro Klick zu rechtfertigen. Sie sind in der Lage diese maßzuschneidern, um das auszugeben was Sie sich bequem leisten können. Auf die gleiche Weise wie die Promotionen beabsichtigt es diese Werbung nicht, Ihr Unternehmen sofort profitabel zu machen sondern Ihnen zu helfen den BSR, sowie die Keyword-Suche zu verbessern, damit Sie beginnen können organisch zu verkaufen.

Wenn Sie zum ersten Mal Pay-per-Klick einrichten, sollten Sie zu Beginn eine Testkampagne in der Auto-Einstellung ausführen. Das bedeutet, dass Amazon die Schlüsselwörter für Sie anvisiert. Fahren Sie fort diese für eine

Woche auf Auto laufen zu lassen, dann analysieren Sie die Ergebnisse. Der Amazon-Algorithmus wird daran arbeiten, Ihr Budget auszugeben und die Keywords anzupeilen, die den Umsatz steigern. Die Chancen bestehen darin, dass Amazon Suchbegriffe verwendet die Sie nie in Betracht gezogen haben. Wenn Sie dies gemacht haben, können Sie die PPC auf manuell stellen und die profitabelsten Keywords anpeilen.

Wenn Sie in der Planungsphase Ihres Unternehmens sind, müssen Sie sorgfältig die Kosten betrachten, die für Promotionen und PPC-Werbung entstehen. Die scheiternden Verkäufer sind jene, die sich nach einem Tag Verkäufe erwarten. Aber dieses Geschäftsmodell funktioniert nicht so. Der Betrag den Sie benötigen, um ihn für die Werbung und Verkaufsförderung auszugeben, ist von der Wettbewerbsfähigkeit der von Ihnen gewählten Nische abhängig. Schätzen Sie wie viel Sie am Anfang ausgeben müssen um Ihr Unternehmen einzurichten und ins Laufen zu bringen.

Lagerbestand

Wenn Sie einen Plan haben der einen verkaufsfördernden Giveaway einschließt oder wenn Sie einen Promotions-Code verwenden wollen, ist es wirklich wichtig Ihren Bestand zu schützen. Es gibt eine große Anzahl von Verkäufern, die große Mengen ihres Lagers verloren haben weil ihr Promo-Code durch einen Blog durchgesickert ist.

Um sicherzustellen, dass Sie nicht auf diese Weise betroffen sind, sollten Sie die unten dargestellten Schritte durchführen:

- Tätigen Sie selbst eine zu erfüllende Bestellung der Menge, die Sie vor der Promotion schützen wollen. Wenn Sie also 500 Einheiten halten und nur maximal 50 durch Ihre Promotion-Gutscheine weggeben wollen, machen Sie eine Bestellung von 450 Einheiten.

- Tätigen Sie die obige Bestellung und geben Sie sie für 2 Wochen in die Warteschleife, anstatt sie abzusenden.

- Stellen Sie sicher, dass Ihr Promo-Code exklusiv ist und nur für einen einzelnen Verkauf gilt.

- Versichern Sie, dass Sie den Gutscheincode kündigen, sobald die Promotion beendet ist.

- Sobald die Promotion vorüber ist, annullieren Sie den Versand an sich selbst. Innerhalb von 3 Minuten kehrt der Bestand zurück und wird erneut zu Verfügung stehen.

- Achten Sie darauf, den Coupon privat zu halten, Sie haben die Möglichkeit, den Coupon auf Ihr Amazon-Listing zu schreiben. Wenn diese Option aktiviert ist und Ihr Coupon grundlegend Ihrem Bestand entspricht, kann dieser in wenigen Minuten verschwunden sein.

<u>Bewertungen</u>

Es gibt nur sehr wenige Menschen, die Ihnen natürliche Bewertungen geben werden und diejenigen die das in der Regel tun, sind die Leute die unzufrieden sind. Bewertungen sind das soziale Lebenselixier Ihres gesamten Unternehmens und als solches ist es wichtig, dass Sie ihre ganze Zeit und alle Energien in den Erhalt von Bewertungen investieren, bis Sie mehrere als Ihre Konkurrenten aufweisen. Der einzige Weg um dies zu schaffen ist es, diese anzufordern. Während Amazon keine E-Mail-Adresse der Kunden freigibt oder diese verfügbar macht, können Sie über die vorgesehene Schnittstelle auf Amazon mit ihnen interagieren.

Sobald Sie mehr als 50 Bewertungen gesammelt haben und Ihr Listing optimiert ist, sollten Sie feststellen, dass die organischen Verkäufe beginnen einzugehen. Es ist an dieser Stelle, an der Sie endlich Geld verdienen werden und Sie können beginnen ein zweites Produkt zu suchen.

# Kapitel 10 – Kundenservice

Im Herzen jedes nachhaltigen Unternehmens liegt ein sehr wichtiger Bestandteil. Nämlich die Bereitstellung eines beispielhaften Kundenservices. Eines der wichtigsten Dinge die man mit Amazon verbindet, ist der erstklassige Kundenservice und von allen Verkäufern auf der Website wird erwartet, dass dieses Bild aufrecht erhalten bleibt.

Es ist wichtig für alle Verkäufer und Unternehmen, ihre Kunden in Bezug auf den Lebenszeitwert in Betracht zu ziehen. Wenn ein Kunde erneut bei Ihnen bestellt ist das ein echter Antrieb für Ihr Endergebnis. Der Erfolg Ihrer Marke wird letztlich durch die Qualität Ihrer Bewertungen ermittelt. Wenn Sie zu viele schlechte Bewertungen haben, zerstören Sie das Image Ihres Unternehmens und die Verkäufe.

Für die Bekämpfung und die Verteidigung gegen unzufriedene Kunden ist es vorzuziehen, eine E-Mail-Sequenz einzurichten. Es ist viel einfacher etwas am Anfang zu beheben, anstatt es zu handhaben nachdem es inmitten all Ihrer Bewertungen explodiert ist!

Der erste Schritt dieses Prozesses ist, eine erste E-Mail zu senden sobald ein Kauf getätigt wurde.

E-Mail-Beispiel 1

Lieber <Kunde>

Vielen Dank für Ihre Bestellung von <Produkt>.

Ihr Produkt wird heute aus dem Amazon-Lager ausgeliefert und sollte in den nächsten Tagen bei Ihnen eintreffen.

Bei <Ihr Firmenname > sind wir stolz auf die Produkte von höchster Qualität für unsere Kunden. Wenn Sie aus irgendeinem Grund nicht vollständig zufrieden mit Ihrem Produkt sind, kontaktieren Sie uns bitte über das Bestellsystem von Amazon und wir versprechen, Ihr Anliegen zu klären.

Vielen Dank

\<Name\> Besitzer

\<Ihr Firmenname \>

Diese Art von E-Mail ermöglicht es Ihnen alle Probleme am Anfang anzugehen. Im Idealfall bevor Sie negativen Bewertungen erhalten.

<u>E-Mail-Beispiel 2</u>

Diese zweite E-Mail sollte 5 Tage später geschickt werden, übernehmen Sie das folgende Format:

Lieber \<Kunde\>

Vielen Dank für Ihren kürzlich getätigten Kauf von \<Produktname \>.

Ihre Zufriedenheit ist von größter Bedeutung für uns da wir ein kleines, familiengeführtes Unternehmen sind, das versucht mit multinationalen Marken zu konkurrieren. Wir bemühen uns dies zu tun, indem wir nur Produkte von höchster Qualität zu erschwinglichen Preisen liefern.

Wir wollen sicherstellen, dass Sie damit zufrieden sind. Wenn Sie weitere Fragen haben, zögern Sie bitte nicht uns zu kontaktieren.

Bewertungen sind sehr wichtig auf Amazon, sie sind der Schlüssel der unserem Unternehmen hilft zu wachsen und unseren Produkten erlaubt auf Amazon erhältlich zu sein. Wenn Sie mit Ihrem Kauf zufrieden sind schätzen wir Ihre positive Bewertung und Kommentare sehr, wenn Sie bereits eine Bewertung hinterlassen haben, danken wir Ihnen. Es nimmt nur eine oder zwei Minuten in Anspruch.

Mit freundlichen Grüßen

\<Name\> Besitzer

\<Ihr Firmenname\>

Vielleicht möchten Sie eine weitere E-Mail die ähnlich wie das Beispiel 2 ist, nach circa weiteren 10 Tagen senden. Die Sequenz Ihrer Bewertungen kann jedoch abweichen da sie wirklich davon abhängt, welche Art von Produkt Sie verkaufen. Wenn Sie beispielsweise Nahrungsergänzungsmitteln verkaufen, müssen Sie ein paar Wochen warten bis der Kunde in der Lage ist, eine ehrliche Bewertung zu hinterlassen.

<u>Negative Bewertungen</u>

Es wird immer Menschen geben die nicht zufriedengestellt werden können. Daher ist es wichtig, dass Sie diese E-Mail-Sequenz verwenden. Sie ermöglicht es Ihnen, direkt mit Ihnen in Kontakt zu treten anstatt nur eine Bewertung zu hinterlassen.

Wenn Sie schlechte Bewertungen bekommen haben (und das werden Sie!), ist der Schlüssel eine ausreichende Menge an positiven Bewertungen, um die negativen in Ihrem Gesamtranking auszugleichen. Wenn Sie nichts in der Hand haben um positive Bewertungen anzufordern, wird Ihre Gesamtbewertung darunter leiden. Zusätzlich müssen Sie alles tun das in Ihrer Macht steht, um das Problem des Kunden zu beheben, kommunizieren Sie, bieten sie eine Erstattung usw. Wenn Sie das Problem beheben können, ist der Kunde glücklich und wenn er zunächst eine schlechte Bewertung hinterlassen hat, können Sie ihn dann bitten diese zu entfernen.

# Kapitel 11 – Treiben Sie ihr Verkäuferranking in die Höhe und sammeln Sie Feedback

Dieses Kapitel betrachtet die Verbesserung des Produkt-Rankings und die Sicherstellung, dass Sie ein gutes Feedback von Ihren Kunden erhalten.

<u>Warum ist das Feedback von Bedeutung?</u>

In der Welt des Internet-Handels ist jede Garantie, dass jemand vertrauenswürdig ist viel wertvoller als bei Situationen im wirklichen Leben. Aus diesem Grund ist das Feedback das sich bei Ihrem Umsatz bemerkbar machen wird, eines der größten Vermögen das Sie und Ihr Unternehmen als Verkäufer haben können. Potenzielle Kunden brauchen einen Grund Ihnen zu vertrauen und es gibt keine bessere Angabe als Referenzen und Erfahrungen von jenen, die bereits bei Ihnen gekauft haben.

<u>Wie man Feedback anhäufen kann</u>

Wie bereits erwähnt können Sie Ihre sozialen Verbindungen darum beten, ihre Freunde und Familie zu fragen ob sie bereit sind Ihr Produkt zu probieren und eine Bewertung zu hinterlassen. Zusätzlich können die durch FBA oder andere Kanäle verkauften Produkte Unterstützung von Bloggern oder jenen erhalten, die eine etablierte Plattform haben. In diesen bringen sie ihre Meinung zum Ausdruck und haben ein solides Publikum, das ihnen vertraut. Das kann einer der größten Vermögenswerte sein, die Sie sich wünschen, zu haben. Wenn Sie populären Bloggern folgen deren Inhalt sich auf irgendeine Weise auf Ihr Produkt bezieht, fragen Sie sie wie Sie Ihre Freunde und Familie gebeten haben, das Produkt für Sie zu fördern. Dies ist eine hervorragende Methode um eine Zielgruppe zu erreichen, die bereits ein besonderes Interesse für das Produkt hat, das Sie zu bieten haben.

Es ist wichtig, dass Sie sehr klar die Bedingungen jeder Vereinbarung festlegen, wenn Sie beispielsweise eine kostenlose Probe des Produkts als Gegenleistung für eine Bewertung anbieten. Nehmen Sie sich die Zeit um alle

Details zu klären. Das schützt Sie vor negativem Feedback von Bewertern, die vielleicht von zusätzlichen Kosten für den Erhalt des Produkts überrascht wurden. Es ist ebenso ratsam vorsichtig zu sein, da es sehr schwierig ist den Hype zu erzeugen, um das zu verdienen was eingesetzt wurde, wenn zu viel Zeit, Energie und Geld in ein Produkt gesteckt wurde.

Mit der Zeit und ein wenig Mühe werden Sie beginnen Verkäufe aus anderen Quellen zu verbuchen und das führt zu höheren Umsätzen. Die beste Marketing-Strategie die Sie haben können ist sicherzustellen, dass Sie ein qualitativ hochwertiges Produkt mit gutem Preis-Leistungsverhältnis anbieten, das seinen Zweck erfüllt.

# Kapitels 12 – Sortieren Sie schlechtes Feedback aus und behalten Sie das gute

Es gibt eine Reihe von Möglichkeiten, wie Sie mit negativem Feedback umgehen können. In diesem Kapitel werden wir auf den eigentlichen Zweck des Feedbacks und die Art der Bewertungen eingehen, für die Sie einen Antrag an Amazon stellen sollten, um diese zu entfernen. Ebenso werfen wir einen Blick auf die verschiedene Arten und Weisen, auf die Sie positives Feedback von zufriedenen Kunden fördern können.

Was ist der Sinn von Feedback?

Der Zweck des Feedbacks ist es, Kunden einen Ort zu geben um die Kauferfahrung die Sie mit Ihnen gemacht haben, wiederzugeben und zu bewerten. Ebenso dient es dazu den zukünftigen Käufern mitzuteilen, warum sie bei Ihnen kaufen sollten. Wenn Sie eine negative Bewertung erhalten, die sich auf das tatsächliche Produkt konzentriert, ist es wichtig sich daran zu erinnern, dass diese gemeldet werden kann, damit sie von Amazon geprüft und eventuell entfernt wird.

Fördern Sie gutes Feedback

Kunden, die häufig Produkte fern von Amazon kaufen, sind mit dem Kaufprozess vertraut und werden als solche mit größerer Wahrscheinlichkeit eine Bewertung hinterlassen. Wenn Sie sich aus einem Grund im Gespräch über Ihr Produkt mit dem Käufer austauschen, können Sie ihn respektvoll darum bitten, einen Beitrag zu hinterlassen wenn er eine positive Erfahrung erlebt hat. Es ist ebenso eine sehr gute Methode, dem Käufer eine persönliche Nachricht zu senden und ihn zu bitten eine 4 oder 5-Sterne-Bewertungen zu hinterlassen.

Wenn das Geschäftsvolumen wächst wird es vielleicht schwieriger für Sie, mit jedem einzelnen Käufer auf der gleichen Ebene der Personalisierung zu kommunizieren als im Anfangsstadium. Glücklicherweise gibt es eine Menge Werkzeuge, die verfügbar sind und die diesen Aspekt Ihres Geschäfts um einiges einfacher machen. Viele Verkäufer verwenden www.feedbackgenius.

com , das ist ein Werkzeug das Sie einstellen können, um automatisch mit Ihren Kunden zu kommunizieren. Es ist ebenso in der Lage Sie sofort zu benachrichtigen, wenn Sie negatives Feedback erhalten.

Für Bewertungen bezahlen

Die Nutzung von Websites wie Tomoson (die vorher behandelt wurde) ist keine angesehene Praxis unter FBA-Anbietern. Trotzdem ist sie ziemlich weit verbreitet und wenn sie auf ethischen Weise verwendet wird handelt es sich um eine wirklich gute Möglichkeit um ein faires, ehrliches Feedback zu erhalten. Das kann Ihnen helfen, in Ihrem gewählten Markt Fortschritte zu machen.

Es gibt einige Verkäufer die wählen, Bewertungen von Einzelpersonen zu bezahlen, die das betroffene Produkt nie gesehen oder verwendet haben. Andere machen sich sogar die Mühe andere Accounts zu erstellen, um selbst enthusiastische Bewertungen zu hinterlassen, die möglicherweise Kunden irreführen können. Sie sollten sich wirklich klar davon entfernen, da die Vorteile für Ihr Produkt durch positive Bewertungen nutzlos sind, wenn sie Ihre wachsende Kundenbasis nicht so gut wie möglich widerspiegeln. Sie sollten ebenso bedenken, dass das Bezahlen von Bewertungen Ihre notwendigen Einnahmen mindert, bevor Ihr Unternehmen einen Gewinn daraus erhält.

# Kapitel 13 – Top Tipps für Verkäufer von Eigenmarken

Der Tipp Nummer 1 für alle Verkäufer von Eigenmarken ist, es ein Produkt zu wählen, für das Sie sich wirklich begeistern. Die Erstellung Ihres FBA-Geschäfts wird einige Arbeit benötigen, aber es wird um vieles einfacher sein wenn Sie wirklich an Ihr Produkt glauben.

Bedenken Sie auch den Wert ein Produkt zu wählen, das etwas weniger populär ist. Der ideale Raum den Sie als neuer Verkäufer einnehmen sollten, liegt zwischen wirklich gut etablierten Produkten die von einer Vielzahl von erfolgreichen Verkäufern angeboten werden und unbekannten Produkten, die eine geringe oder keine Verkaufspräsenz auf der Seite von Amazon haben. Sobald Sie sich etabliert haben, werden Sie die Reputation und Flexibilität haben um auch riskantere Produkte zu verkaufen.

Viele Verkäufer berichten von großen Erfolgen im Verkauf von gebündelten Produkten. Es ist sehr unwahrscheinlich, dass ihre Konkurrenten das gleiche Produktbündel verkaufen wie sie und das ist eine Art, um sich von der Konkurrenz abzuheben.

Es ist wichtig, dass Sie Ihre Position als kleiner Verkäufer nutzen. Das wird Ihnen erlauben, enge Beziehungen mit Ihren Kunden aufzubauen die es spüren, dass tatsächlich eine Person hinter dem Geschäft steht. Das stellt am Ende eine bessere und viel angenehmere Interaktion dar, als mit einem Unternehmen ohne Gesicht zu verhandeln, das sich als erstes und vor allem auf den Nettogewinn konzentriert. Obwohl Sie ein kleiner Verkäufer sind sollten Sie trotzdem bedenken, sich als professioneller Verkäufer zu registrieren. Amazon verrechnet 15% Kommission für alle Verkäufe unabhängig von der Art des Verkäufers, obwohl individuellen Verkäufern ebenso 0,99€ für jeden Verkauf berechnet wird. Professionelle Verkäufer zahlen hingegen einen pauschalen, monatlichen Preis von 39,95€. Aus diesem Grund ist es eine preiswertere Wahl ein professioneller Verkäufer zu werden wenn Sie erkennen, dass Sie mehr als 40 Einheiten pro Monat verkaufen

Es ist sehr einfach, in ein Rennen beim Tiefpreiskrieg mit Ihren Konkurrenten verwickelt zu werden. Es ist wichtig nicht zuzulassen, dass die Methode des Unterbietens Ihre Profite mindert. Ein Teil von Preiskriegen zu werden, verursacht nur eine Minderung Ihrer eigenen Profite und stiehlt ebenso wertvolle Zeit, die Sie dafür verwenden könnten Ihr Geschäft auf eine andere Art aufzubauen. Lassen Sie Ihre Konkurrenten zu Tiefstpreisen verkaufen. Die Chancen, dass sie entweder ausverkauft sein werden und nicht das Kapital haben um aufzustocken oder dass sie am Ende Ihr Geschäft schließen müssen, da sie keinen Bestand und keine Mittel mehr haben sind hoch. Lassen Sie nicht zu, dass Ihnen das passiert.

Erinnern Sie sich daran, Ihre Verkaufsrankings und jene Ihrer Konkurrenten regelmäßig zu kontrollieren. Diese Rankings können sich drastisch in dem kleinsten Zeitraum verändern, das kann sogar mehrere Male pro Tag passieren. Um ein klares, akkurates Gesamtbild Ihrer Position auf dem Markt zu erhalten, müssen Sie wiederholt Ihr Ranking kontrollieren, auch wenn Sie sich etablieren. Das ist eine Praktik, die Sie wirklich fortführen müssen.

Man benötigt Fähigkeiten im Schreiben von überzeugenden Produktbeschreibungen, die potentielle Kunden dazu bringen zu verweilen und einen weiteren Blick auf das Produktlisting zu werfen. Diese Fähigkeit wird nach und nach stärker, sie entwickelt sich mit der Zeit. Es ist wichtig sicherzustellen, dass Ihre Produktbeschreibung frei von Fehlern ist und dass sie vollständige Sätze verwenden, gute Grammatik und korrekte Rechtschreibung. Wenn Sie sich dazu entscheiden Bullet Points in Ihrem Listing zu verwenden, stellen Sie sicher dass jedes erste Wort von jedem Punkt groß geschrieben ist.

Wenn Sie die Listings Ihrer Konkurrenten beurteilen, ist es ebenso eine gute Praktik zu sehen, ob ihre Produkte spezifisch als FBA aufgelistet sind. Sie werden sehen, dass einige der Produkte preisgeben durch den Verkäufer gehandhabt zu werden und es ist wichtig, sich diese zu notieren. Amazon hat nämlich am Ende des Tages ein größeres Interesse darin, bereitgestellte Produkte (FBA) zu bewerben, weil dadurch höhere Profite erzielt werden.

Es gibt eine Vielzahl von Verkäufern, die einfach die Listings eines anderen kopieren da sie zu denken scheinen, dass ihnen das gleich viel Erfolg bringt, wie dem originalen Autor des Listings. Das sollten Sie nie tun, nicht nur weil Sie die wertvolle Möglichkeit verlieren, sich in den Augen des Kunden von Ihrer Konkurrenz abzuheben, sondern würden Sie ebenso die gesamte Linie eines Listings übernehmen, das vielleicht nicht wirklich für Sie geeignet ist. Es besteht die Möglichkeit, dass Sie um einiges besser werden, ein effektives, erfolgreiches Listing zu schreiben, besonders wenn Sie eine Suche gestartet haben, bei der Sie die Listings Ihrer Konkurrenten begutachtet haben! Geben Sie diese wichtige Gelegenheit nicht auf, sich von anderen zu unterscheiden und erinnern Sie sich, dass der erste Eindruck besonders zählt, wenn es um Kunden geht.

Wenn man auf dieser Linie fortfährt ist es ebenso wichtig, dass Sie sich die Zeit nehmen, um mit Ihren Kunden zu kommunizieren. Das könnte in der Form erfolgen, dass Sie Fragen beantworten die diese bezüglich der Produkte haben. Alternativ können Sie verkaufsfördernde Emails für Ihr Produkt oder ihre Marke senden, oder auch nur um sich für den Kauf oder die gute Bewertung zu bedanken. Der Kunde weiß dann, dass Sie sich die Zeit genommen haben um sicherzustellen, dass sie eine angenehme Erfahrung beim Kauf mit Ihnen hatten und das wird sich nicht nur in Ihren Erträgen niederschlagen, sondern auch in Ihrem Feedback.

Wenn Sie ein Listing auf der Amazon-Seite erstellen, registrieren Sie Ihre Produkte auf Amazon mit dem Universal Product Code (UPC). Dieser Code ist absolut einzigartig für Ihr Produkt und wird von dem Lieferanten/Hersteller geliefert. Es ist jedenfalls sehr wichtig, dass Sie ihn prüfen um sicherzustellen, dass der Lieferant/Hersteller Ihren UPC nicht geändert hat oder ein Produkt mit einem unterschiedlichen UPC geliefert hat. Das wird Ihnen dabei helfen sicherzustellen, dass Ihre Kunden das Produkt erhalten das Sie zum Verkauf anbieten. Das wird Ihnen ebenso dabei helfen, negatives Feedback zu vermeiden.

Am Ende des Tages gibt es keinen absolut sicheren Weg um vorherzusagen, ob Sie verkaufen werden oder nicht. Sie können jedoch Ihre Erfolgschancen verbessern, indem Sie von anderen erfolgreichen Verkäufern lernen und Ihren Zielmarkt tief untersuchen. Es ist wichtig sich daran zu erinnern, dass auch wenn Sie sich ausreichend Zeit für alle Prozesse genommen haben die Möglichkeit besteht, dass sich Ihr Produkt nicht so gut verkauft, wie Sie gehofft oder erwartet hatten. Der beste Tipp dafür ist Geduld. Fahren Sie fort an Ihrer Werbung und Ihren Produktaktionen zu arbeiten und nach neuen Wegen zu suchen, um Ihr Listing zu verbessern. Trotz dieser anfänglichen

Lernkurve, die all Ihre Konkurrenten durchgemacht haben, gibt es immer mehr das Sie lernen können und Wege auf die Sie Ihre Strategien verfeinern können.

Wenn Sie Ihr Unternehmen aufbauen, ist es zu einfach und zu verlockend, steuerliche Angelegenheiten zu vermeiden. Es ist jedoch wichtig, dass Sie Ihren Steuerstatus ernst nehmen, besonders wenn Sie danach streben Ihr Geschäft so zu vergrößern, dass es den kleinen Rahmen des FBA-Verkaufs übersteigt. Es ist wahr, wenn Sie die Steuern nicht erklären, könnte es Jahre dauern um dies zu erörtern. In diesem Fall müssen Sie jedoch die Steuern komplett aus Ihrer Tasche zahlen, sowie Strafen und Zinsen, unabhängig davon ob Sie Verkaufssteuern bei den individuellen Transaktionen eingenommen haben oder nicht.

Wenn Sie damit fortfahren zu verkaufen und Ihr Unternehmen auf Amazon ausbauen, werden weiterhin Fragen auftauchen. Während dieses Buch eine gute Grundlage für Ihr FBA-Abenteuer bereitgestellt hat könnte es eine gute Idee für Sie sein, sich mit anderen Leuten und Unternehmen zu konsultieren, die ebenso durch die Herausforderungen und Erfahrungen als FBA-Verkäufer gehen. Es könnte eine Idee sein, nach Foren und Online-Gemeinschaften von Verkäufern zu suchen, alternativ prüfen Sie die Webseiten oder Podcasts, die von Verkäufern mit einer nachgewiesenen Erfolgsbilanz betrieben werden. Vielleicht können Sie mit Ihren gesammelten Erfahrungen als Beispiel für andere Verkäufer dienen, die gerade erst beginnen!

Erinnern Sie sich daran, dass Amazon eine App hat; diese App wird von dem Großteil der FBA-Verkäufer genutzt, um den Verlauf Ihres Unternehmens zu verfolgen. Warten Sie nicht, laden Sie sie heute herunter!

# Kapitel 14 – Ihr Millionen-Dollar-Bussiness

Endlich macht sich Ihre harte Arbeit bezahlt und Sie verkaufen 20 – 30 Einheiten pro Tag. Sie beginnen, ein wenig Cashflow in Ihrem Unternehmen anzusammeln. Nun ist es an der Zeit, zur nächsten Phase übergehen. Die nächste Phase oder der nächste Schritt ist es, ein weiteres Produkt hinzuzufügen und genau den gleichen Prozess des ersten Produkts durchzumachen. Sie werden sehen, dass das zweite Produkt um einiges leichter sein wird, da Sie Kenntnisse und Erfahrungen gesammelt haben. Jedes Mal, wenn Sie ein neues Produkt hinzufügen und sich die Verkäufe verdoppeln sind Sie in der Lage, Ihr Unternehmen zu vergrößern. Sie haben genug Cashflow, um Ihre Produkte schnell zu bewerben und lassen Ihre Konkurrenz hinter sich. Sobald Sie anfänglichen Erfolg haben werden Sie herausfinden, dass es nicht lange dauern wird bis Sie Ihr Unternehmen ausbreiten können.

Wenn Sie damit beginnen ist es wichtig auf die Nische und die Marke aufzubauen, mit der Sie begonnen haben. Sie werden eine Synergie innerhalb der Verkäufe Ihrer Produkte erstellen und die Kunden werden beginnen mehrere Produkte von Ihnen zu kaufen, wenn sie mit Ihrer Marke zufrieden sind.

Sobald Sie eine Marke etabliert haben hält Sie nichts davon ab, mit anderen Marken zu beginnen, um Ihre Verkäufe zu diversifizieren. Mit jeder zusätzlichen Nische vergrößern Sie Ihr Unternehmen.

Das Beste an diesem Geschäftsmodell ist, dass es einfach automatisiert werden kann. Es gibt eine Menge Aufgaben die Sie erfüllen müssen, wenn Sie ein Produkt auf den Markt bringen. Aber es ist möglich, viele davon von einem Virtual Assistent erledigen zu lassen. Wenn Ihr Unternehmen wächst und sich ausweitet kann es Sinn machen, einen virtuellen Assistenten mittels Upwork einzustellen, was ebenso hilfreich ist um Ihre Marke/n schneller aufzubauen.

Ihr Millionen-Dollar-Geschäftsmodell

Wir nehmen an, dass jedes Produkt, das Sie verkaufen, eine durchschnittliche Gewinnspanne von €10 hat und Sie 20 Einheiten pro Tag verkaufen.

€1.000.000 Gewinn pro Jahr / €10 durchschnittliche Gewinnspanne = 100.000 Einheiten pro Jahr

100.000 Einheiten / 12 Monate / 30 Tage = 277 Einheiten pro Tag

277 Einheiten pro Tag /20 Einheiten pro Tag für jedes Produkt = circa 14 unterschiedliche Produkte

Sie benötigen möglicherweise 6 Monate um in der Lage zu sein, ein zweites Produkt zu vermarkten und dann weitere zwei Monate um ihr drittes einzuführen. Nach dieser Zeitpanne sollten Sie erkennen, dass es möglich ist mindestens ein Produkt pro Monat hinzuzufügen. Wenn Sie in der Lage sind, Ihr Unternehmen beim Vorwärtsgang zu unterstützen, wird das einzige Limit der Himmel sein und innerhalb der ersten zwei Jahre werden Sie Ihr eigenes Imperium der Eigenmarken aufgebaut haben.

**Kapitel 15 – 90 Tage Aktionsplan**

Um Ihnen beim Start zu helfen, habe ich diesen 90 Tage Aktionsplan entwickelt, den Sie dafür verwenden können um zu versichern, dass Sie Ihre Unternehmensziele auf rechtzeitige Weise erreichen und vervollständigen. Der Aktionsplan soll eine Orientierung sein und nichts, an das Sie sich zu stark binden sollten sofern Sie das nicht wollen. Er ist als Checkliste gedacht die Ihnen dabei hilft, Ihr Unternehmen mit Eigenmarke aufzubauen.

Woche 1

1. Erstellen Sie Ihren Verkäufer-Account auf Amazon.com. Es ist empfehlenswert, am Anfang einen Account der Art Merchant Fulfilled (eigene Abwicklung) zu erstellen, da dieser keine monatlichen Kosten mit sich bringt. So können Sie wirklich sehen, wie Listings erstellt werden. Sobald Sie bereit sind, können Sie zu einem professionellen Account wechseln (€39,95 pro Monat).

2. Machen Sie eine Liste von 20 – 30 Produktideen.

Woche 2

1. Erstellen Sie einen Account auf Aliexpress und Alibaba

2. Wählen Sie 10 – 20 potentielle Lieferanten

3. Fügen Sie Produkte zu Ihren Favoriten und erstellen Sie eine Mappe für jeden

4. Senden Sie ein E-Mail, in der Sie sich vorstellen

Woche 3

1. Bestellen Sie Proben

2. Suchen Sie die Listings und Bewertungen Ihrer Konkurrenten

3. Wählen Sie einen Name für Ihr Unternehmen

4. Lassen Sie ein Logo erstellen

Woche 4

1. Bewerten Sie die Proben, die Sie erhalten haben.

2. Fordern Sie Änderungen an, die Sie benötigen

3. Treffen Sie eine Entscheidung bezüglich des Lieferanten, mit dem Sie arbeiten werden

4. Gestalten Sie die Verpackung mit Logo

Woche 5

1. Bestellen Sie die Produktmengen

2. Gestalten Sie Ihr Listing

3. Verwenden Sie das Probeprodukt, um einige nicht geprüfte Bewertungen von einigen Ihrer Freunde und der Familie zu erhalten.

## Woche 6 und 7

1. Fahren Sie fort, Bewertungen zu sammeln, während Sie darauf warten, dass der Versand das FBA erreicht

2. Stellen Sie Ihr Bewertungssystem mit dem Software-Provider Ihrer Wahl ein, feedbackgenius oder feedbackfive sind zwei der besten Provider

## Woche 8

1. Sobald der Versand im FBA angekommen ist, beginnen Sie Ihren Einführungsprozess.

2. Erhalten Sie 15 – 20 Bewertungen von dem engen Kreis Ihrer Freunde und Familie

3. Aktivieren Sie Pay per Click

4. Organisieren Sie einen Giveaway für Werbezwecke

## Woche 9 – 12

1. Arbeiten Sie kontinuierlich an weiteren Verkäufen und Bewertungen

2. Verfeinern Sie Ihr Listing ein Mal pro Woche

3. Bestellen Sie weitere Produkte

Das ist ein kurzer Schnappschuss davon, was bei dem Aufbau Ihres eigenen Unternehmens mit Eigenmarken involviert ist. Es stellt jedoch eine gute Grundlage für Sie dar um sicherzustellen, dass nichts vergessen wird.

# Schlusswort

Nun, da Sie das Ende dieses Buchs erreicht haben, möchte Ich mich noch einmal bei Ihnen dafür bedanken, **Geld verdienen im Internet: Wie Sie mit Amazon FBA zwischen 3000 und 10000 Euro passives Einkommen generieren, ortsunabhängig leben und reich werden. Eine Schritt für Schritt Anleitung zur Selbstständigkeit.** gewählt zu haben.

Ich hoffe, dass Sie all das gefunden haben was Sie über FBA- Verkäufe und Produkte mit Eigenmarken wissen wollten. Ich habe Sie durch jeden einzelnen Schritt des Prozesses begleitet, von dem Erhalt eines Einblickes und des Verständnisses wie FBA funktioniert, bis hin zu der Wahl des Produktes, sowie dem Aufbau des Unternehmens und der Marke zu einer langfristigen Einkommensquelle.

Dieses Geschäft gehört nicht in das Schema „Schnell reich werden" und Sie müssen es vom ersten Tag realisieren, dass es Zeit und Hingabe erfordert um alle Einzelheiten der durch den Verkauf von Eigenmarken erforderten Prozesse zu organisieren. Mit konstanten Bemühungen werden Sie selbständig in der Lage sein, alle Hindernisse die Ihnen vielleicht den Weg versperren, zu überwinden und ein erfolgreiches Unternehmen in einem relativ kurzen Zeitraum aufzubauen.

Nun, wo Sie das Buch beendet haben, wissen Sie was notwendig ist um in Aktion zu treten und als FBA-Verkäufer durchzustarten. Sie haben eine umfassende Kenntnis der Arbeit und der Werkzeuge die verfügbar sind und wie diese erweitert werden können, damit Sie Ihre Prozesse beschleunigen und Ihr Geschäft aufbauen können. Ich würde jedenfalls empfehlen, dass Sie das Buch in Griffbereitschaft halten, damit Sie es immer als einen Bezugspunkt verfügbar haben und einfach auf die Kapitel zurückgreifen können wenn Sie glauben, dass Sie Ihre Erinnerung auffrischen müssen.

Ich hoffe wirklich, dass dieses Buch eine helfende Hand auf Ihrer Reise als FBA-Verkäufer darstellen wird! Mit diesem Buch hoffe ich, dass die Lernkurve für Sie schneller vorangeht, als wenn Sie es alleine versucht hätten.

Nun ist es Ihre Gelegenheit ein Unternehmen zu starten, das es Ihnen erlauben wird von überall zu arbeiten.

Alles das Sie jetzt tun müssen, ist zu beginnen. Ich danke Ihnen erneut und hoffe wirklich, dass Sie dieses Buch informativ und interessant gefunden haben, während Sie sich einen weiteren Schritt dem Besitz Ihres eigenen Marken-Unternehmens nähern. Viel Glück, Sie können es schaffen!

www.ingramcontent.com/pod-product-compliance
Lightning Source LLC
Chambersburg PA
CBHW061447180526
45170CB00004B/1590